¿Cómo se mueven?

Empujar

Sarah Shannon

Heinemann Library
Chicago, Illinois

Editorial: Rebecca Rissman and Siân Smith
Picture research: Liz Alexander
Translation into Spanish by DoubleOPublishing Services
Designed by Joanna Hinton-Malivoire
Printed and bound by South China Printing Company Limited

13 12 11 10 09
10 9 8 7 6 5 4 3 2 1

ISBN-13: 978-1-4329-3542-9 (hc)
ISBN-13: 978-1-4329-3548-1 (pb)

Library of Congress Cataloging-in-Publication Data

Shannon, Sarah.
  [Pushes. Spanish]
  Empujar / Sarah Shannon.
      p. cm. -- (¿Cómo se mueven?)
  Includes index.
  ISBN 978-1-4329-3542-9 (hb) -- ISBN 978-1-4329-3548-1 (pb)
  1. Mechanics--Juvenile literature. 2. Force and energy--Juvenile literature. I. Title.
  QC133.5.S53718 2009
  531'.11--dc22
                              2009007706

Acknowledgments
The author and publisher are grateful to the following for permission to reproduce copyright material:
©Alamy pp.**6** (Andre Seale), **8** (imagebroker); ©Capstone Global Library Ltd. pp.**10**, **14** (Tudor Photography 2004); ©Corbis pp.**16**, **23** (A. Inden/zefa), **5** (Gary Hershorn/Reuters), **21** (JGI/Blend Images), **19** (Laura Dwight), **7** (Randy Faris), **17** (Zave Smith); ©GAP Photos pp.**13**, **20** (Zara Napier); ©Getty Images p.**9** (Tony Anderson/UpperCut Images); ©Lonely Planet Images p.**12** (Martin Moos); ©Photolibrary pp.**18** (Blair Seitz), **15** (IZA Stock), **11** (Photononstop/Philippe Dannic); ©Shutterstock p.**4** (Maksim Shmeljov).
Cover photograph of a go-cart reproduced with permission of ©Getty Images (Stone/Peter Cade). Back cover photograph of a man pushing a cart reproduced with permission of ©Lonely Planet Images (Martin Moos).

Every effort has been made to contact copyright holders of any material reproduced in this book. Any omissions will be rectified in subsequent printings if notice is given to the publisher.

Contenido

Mover

Las cosas se mueven de distintas maneras.

Las cosas se mueven en muchos lugares.

Empujar

Puedes empujar cosas para moverlas.

Puedes empujar una bola de nieve
para moverla.

Puedes empujar una llanta para moverla.

Puedes empujar una puerta para moverla.

Puedes empujar un subibaja para moverlo.

Puedes empujar una patineta para moverla.

Pesado y liviano

Las cosas pesadas son difíciles
de empujar.

Las plantas pesadas son difíciles
de empujar.

Las cosas livianas son fáciles de empujar.

Los globos livianos son fáciles de empujar.

Grandes empujones

Un gran empujón puede hacer que cosas pesadas se muevan.

Un gran empujón puede hacer que cosas se muevan más rápido.

Detener

Puedes detener cosas de un empujón.

Puedes detener una pelota de un empujón.

Mover cosas de un empujón

Un empujón puede mover cosas grandes.

Un empujón puede mover cosas
pequeñas.

¿Qué aprendiste?

- Un empujón puede hacer que algo se mueva.

- Un empujón puede hacer que algo se detenga.

- Un gran empujón puede mover cosas pesadas.

- Un gran empujón puede hacer que las cosas se muevan más rápido.

22

Glosario ilustrado

empujar hacer que algo se aparte de ti

Índice

Nota a padres y maestros
Antes de leer
Explique a los niños que empujar es una manera de hacer que las cosas se muevan. Represente acciones de empujar (p. ej., empujar una puerta, empujar un carrito de compra, empujar un juguete). Pregunte a los niños si es más fácil empujar algo liviano o algo pesado. Muéstreles cómo de un empujón se puede mover un carrito de juguete por el piso.

Después de leer
• Escoja cuatro niños y dele a cada uno un carrito de juguete. Deben comenzar desde el mismo punto de partida. Sólo pueden empujar una vez. ¿Qué carrito llega más lejos?
• Pida a los niños que se coloquen en un círculo, mirando hacia el centro, con las palmas de las manos tocando las palmas de sus compañeros a ambos lados. Pida que un niño empiece dando un pequeño empujón en una dirección. ¿Puede transmitirse el empujón por el círculo?